친 구

KB205474

강 효 민 목사

새삶 전도협회

하나님은 당신을 사랑하십니다

예수님 안에 행복이 있습니다

                                        님께
....

                                        드림
....

              년   월   일
....

친 구

요한복음 11:1-44

1 어떤 병자가 있으니 이는 마리아와 그 자매 마르다의 마을 베다니에 사는 나사로라

2 이 마리아는 향유를 주께 붓고 머리털로 주의 발을 닦던 자요 병든 나사로는 그의 오라버니더라

3 이에 그 누이들이 예수께 사람을 보내어 이르되 주여 보시옵소서 사랑하시는 자가 병들었나이다 하니

4 예수께서 들으시고 이르시되 이 병은 죽을 병이 아니라 하나님의 영광을 위함이요 하나님의 아들이 이로 말미암아 영광을 받게 하려 함이라 하시더라

5 예수께서 본래 마르다와 그 동생과 나사로를 사랑하시더니

6 나사로가 병들었다 함을 들으시고 그 계시던 곳에 이틀을 더 유하시고

7 그 후에 제자들에게 이르시되 유대로 다시 가자 하시니

8 제자들이 말하되 랍비여 방금도 유대인들이 돌로 치려 하였는데 또 그리로 가시려 하나이까

9 예수께서 대답하시되 낮이 열두 시간이 아니냐 사람이 낮에 다니면 이 세상의 빛을 보므로 실족하지 아니하고

10 밤에 다니면 빛이 그 사람 안에 없는 고로 실족하느니라

11 이 말씀을 하신 후에 또 이르시되 우리 친구 나사로가 잠들었도다 그러나 내가 깨우러 가노라

12 제자들이 이르되 주여 잠들었으면 낫겠나이다 하더라

13 예수는 그의 죽음을 가리켜 말씀하신 것이나 그들은 잠들어 쉬는 것을 가리켜 말씀하심인 줄 생각하는지라

14 이에 예수께서 밝히 이르시되 나사로가 죽었느니라

15 내가 거기 있지 아니한 것을 너희를 위하여 기뻐하노니 이는 너희로 믿게 하려 함이라 그러나 그에게로 가자 하시니

16 디두모라고도 하는 도마가 다른 제자들에게 말하되 우리도 주와 함께 죽으러 가자 하니라

17 예수께서 와서 보시니 나사로가 무덤에 있은 지 이미 나흘이라

18 베다니는 예루살렘에서 가깝기가 한 오 리쯤 되매

19 많은 유대인이 마르다와 마리아에게 그 오라비의 일로 위문 하러 왔더니

20 마르다는 예수께서 오신다는 말을 듣고 곧 나가 맞이하되 마 리아는 집에 앉았더라

21 마르다가 예수께 여짜오되 주께서 여기 계셨더라면 내 오라 버니가 죽지 아니하였겠나이다

22 그러나 나는 이제라도 주께서 무엇이든지 하나님께 구하시 는 것을 하나님이 주실 줄을 아나이다

23 예수께서 이르시되 네 오라비가 다시 살아나리라

24 마르다가 이르되 마지막 날 부활 때에는 다시 살아날 줄을 내가 아나이다

25 예수께서 이르시되 나는 부활이요 생명이니 나를 믿는 자는 죽어도 살겠고

26 무릇 살아서 나를 믿는 자는 영원히 죽지 아니하리니 이것을 네가 믿느냐

27 이르되 주여 그러하외다 주는 그리스도시요 세상에 오시는 하나님의 아들이신 줄 내가 믿나이다

28 이 말을 하고 돌아가서 가만히 그 자매 마리아를 불러 말하 되 선생님이 오셔서 너를 부르신다 하니

29 마리아가 이 말을 듣고 급히 일어나 예수께 나아가매

30 예수는 아직 마을로 들어오지 아니하시고 마르다가 맞이했 던 곳에 그대로 계시더라

31 마리아와 함께 집에 있어 위로하던 유대인들은 그가 급히 일어나 나가는 것을 보고 곡하러 무덤에 가는 줄로 생각하고 따라가더니

32 마리아가 예수 계신 곳에 가서 뵈옵고 그 발 앞에 엎드리어 이르되 주께서 여기 계셨더라면 내 오라버니가 죽지 아니하였겠나이다 하더라

33 예수께서 그가 우는 것과 또 함께 온 유대인들이 우는 것을 보시고 심령에 비통히 여기시고 불쌍히 여기사

34 이르시되 그를 어디 두었느냐 이르되 주여 와서 보옵소서 하니

35 예수께서 눈물을 흘리시더라

36 이에 유대인들이 말하되 보라 그를 얼마나 사랑하셨는가 하며

37 그 중 어떤 이는 말하되 맹인의 눈을 뜨게 한 이 사람이 그 사람은 죽지 않게 할 수 없었더냐 하더라

38 이에 예수께서 다시 속으로 비통히 여기시며 무덤에 가시니 무덤이 굴이라 돌로 막았거늘

39 예수께서 이르시되 돌을 옮겨 놓으라 하시니 그 죽은 자의 누이 마르다가 이르되 주여 죽은 지가 나흘이 되었으매 벌써 냄새가 나나이다

40 예수께서 이르시되 내 말이 네가 믿으면 하나님의 영광을 보리라 하지 아니하였느냐 하시니

41 돌을 옮겨 놓으니 예수께서 눈을 들어 우러러 보시고 이르시되 아버지여 내 말을 들으신 것을 감사하나이다

42 항상 내 말을 들으시는 줄을 내가 알았나이다 그러나 이 말씀 하옵는 것은 둘러선 무리를 위함이니 곧 아버지께서 나를 보내신 것을 그들로 믿게 하려 함이니이다

43 이 말씀을 하시고 큰 소리로 나사로야 나오라 부르시니

44 죽은 자가 수족을 베로 동인 채로 나오는데 그 얼굴은 수건에 싸였더라 예수께서 이르시되 풀어 놓아 다니게 하라 하시니라

함석헌 선생이 쓴 글 중에 '그 사람을 가졌는가?' 라는 글이 있습니다. 내용은 이렇습니다.

만 리 길 나서는 길
처자를 내맡기며
맘 놓고 갈만한 사람
그 사람을 그대는 가졌는가

온 세상 다 나를 버려
마음이 외로울 때에도
"저 맘이야" 하고 믿어지는
그 사람을 그대는 가졌는가

탔던 배 꺼지는 시간
구명대 서로 사양하며
"너만은 제발 살아다오" 할
그 사람을 그대는 가졌는가

불의의 사형장에서
"다 죽여도 너희 세상 빛을 위해
저만은 살려두거라" 일러줄
그 사람을 그대는 가졌는가

잊지 못할 이 세상을 놓고 떠나려 할 때
"저 하나 있으니" 하며
빙긋이 웃고 눈을 감을 그 사람을 그대는 가졌는가

온 세상의 찬성보다도
"아니" 하고 가만히 머리 흔들 그 한 얼굴 생각에
알뜰한 유혹을 물리치게 되는
그 사람을 그대는 가졌는가

당신은 어떻습니까? 당신에게는 그런 사람이 있습니까?

있다면 당신은 복 받은 사람입니다. 사람에게 좋은 친구가 있다는 것은 정말 큰 복이 아닐 수 없습니다. 좋은 친구가 있으면 어렵고 힘들 때 곁에서 힘이 되어 줍니다. 기쁘고 즐거울 때는 함께 기뻐하고 즐거워해줌으로 기쁨을 더 크게 해줍니다.

오래 전 영국의 한 신문사에서 "런던까지 가장 빨리 갈 수 있는 길이 무엇입니까?"라는 질문을 한 적이 있습니다. 최우수 답으로 뽑힌 것은 '친구와 함께 가는 것'이었습니다. 또 영국의 한 출판사에서는 친구의 정의에 대해 물은 적이 있습니다. 많은 좋은 대답들이 나왔는데 '침묵도 이해해 줄 수 있는 이', '기쁨은 배로 해주고 슬픔은 반으로 줄여주는 이' 같은 대답들이 있었습니다. 그런데 최고의 정의로 뽑힌 것은 이것입니다. 친구란 '온 세상이 떠나갈 때 찾아와 주는 이.' 그렇습니다. 친구는 온 세상이 떠나가도 찾아와 주는 이입니다. 그런 친구가 참된 친구입니다.

그런데 문제는 그런 친구를 만나기가 쉽지 않다는 것입니다. 그래서 저는 정말 좋은 친구 한 분을 당신에게 소개해 드리기 원합니다.

사랑 많은 친구

본문은 마르다와 마리아, 나사로 남매에 대한 이야기입니다. 이들은 베다니라는 곳에서 살았는데 베다니는 예루살렘으로부터 약 5리(2km) 떨어진 마을입니다(18절). 성경에는 이들의 부모에 대한 언급이 전혀 없는데 그 이유는 아마도 그들의 부모님이 일찍 돌아가셨기 때문인 것으로 생각됩니다. 부모님은 안 계셨지만 그들에게 정말 좋은 친구 한 분이 계셨는데 그분이 바로 예수님입니다.

본문을 잘 읽어보면 이들 남매와 예수님 사이에는 사랑이 있었던 것을 볼 수 있습니다. 5절에 "예수께서 본래 마르다와 그 동생과 나사로를 사랑하시더니"라고 되어 있고, 3절에는 "이에 그 누이들이 예수께 사람을 보내어 이르되 주여 보시옵소서 사랑하시는 자가 병들었나이다"라고 되어 있는데, 마르다와 마리아 자매는 오빠 나사로를 예수님께서 '사랑하시는 자'라고 했습니다. 35-36절에는 "예수께서 눈물을 흘리시더라. 이에 유대인들이 말하되 보라 그를 얼마나 사랑하셨는가"라고 되어 있는데, 예수님은 온 동네가 알 정도로 나사로와 그의 동생들을 사랑했습니다.

이들 남매도 예수님을 사랑했는데 마리아는 값비싼 향유를 예수님께 부어드릴 정도로 예수님을 사랑했습니다. 2절이 그것을 말씀하고 있습니다.

"이 마리아는 향유를 주께 붓고 머리털로 주의 발을 닦던 자요 병든 나사로는 그의 오라버니더라."

그 당시 향유는 굉장히 귀한 물건이었습니다. 그런데도 마리아는 예수님을 그만큼 사랑했기에 그 귀한 향유를 예수님께 부어드릴 수 있었던 것입니다.

슬픔을 이해하는 친구

그런데 이들 남매의 가정에 슬픔이 찾아옵니다. 그것은 이 가정의 가장인 나사로가 병들어 죽게 된 것입니다. 마르다와 마리아 자매는 그 소식을 예수님께 알렸습니다. 그리고 그 소식을 전해들은 예수님은 위험을 무릅쓰고 이들을 찾아갑니다.

"그 후에 제자들에게 이르시되 유대로 다시 가자 하시니 제자들이 말하되 랍비여 방금도 유대인들이 돌로 치려 하였는데 또 그리로 가시려 하나이까"(7-8절).

예수님을 죽이려는 사람들이 그곳에 있는데도 그리로 가시려는 이유가 무엇일까요? 예수님께서 그들을 사랑하시기 때문입니다. 예수님은 그들의 친구이기 때문입니다.

친구를 두려면 이런 친구를 두어야 하지 않을까요? 그런데 이런 친구가 별로 없다는 것이 문제입니다. 좋을 때는, 얻어먹을 것 있을 때는 친구하다가도 얻어먹을 것 없고 더 이상 도움이 안 된다고 생각되면 전화를 해도 잘 안 받고, 만나자고 해도 잘 안 만나주는 것이 오늘날 많은 사람들의 모습입니다. 그런데 예수님은 그런 종류의 친구가 아니었습니다. 자기를 죽이려는 사람들이 그곳에 있음에도 불구하고 예수님은 그들을 찾아가셨습니다. 가서서 그들과 함께 해주셨습니다. 33-35절입니다.

"예수께서 그가 우는 것과 또 함께 온 유대인들이 우는 것을 보시고 심령에 비통히 여기시고 불쌍히 여기사 이르시되 그를 어디 두었느냐 이르되 주여 와서 보옵소서 하니 예수께서 눈물을 흘리시더라."

예수님께서 눈물을 흘리셨다고 했습니다. 예수님께서 눈물을 흘린 기록은 이것이 유일합니다. 왜 예수님께서 눈물을 흘리셨을까요? 그 이유를 우리가 다 이해할 수 없습니다. 어떤 주석가는 35절("예수께서 눈물을 흘리시더라") 말씀이야말로 "성경에서 가장 짧지만 가장 깊이 있는 구절"이라고 했습니다. 일리가 있는 말씀입니다. 한 가지 분명한 것은 예수님이 마르다와 마리아 자매의 슬픔을 이해하고 계셨고 그들의 슬픔에 동참하고 계셨다는 것입니다. 그러니 예수님이 얼마나 좋은 친구입니까! 잠언 17장 17절에 "친구는 사랑이 끊어지지 아니하여야 한다"고 했는데 예수님이 바로 그런 친구였습니다.

능력 많은 친구

예수님은 사랑이 많은 친구였을 뿐 아니라 능력도 많은 친구였습니다. 사랑이 많아도 능력이 없으면 별 도움이 안 될 수 있습니다. 그런데 예수님은 사랑뿐 아니라 능력도 많았기 때문에 그들에게 큰 도움을 주는 것을 볼 수 있습니다. 어떤 도움을 주셨는지 36-44절을 읽어봅시다.

"이에 유대인들이 말하되 보라 그를 얼마나 사랑하셨는가 하며 그 중 어떤 이는 말하되 맹인의 눈을 뜨게 한 이 사람이 그 사람은 죽지 않게 할 수 없었더냐 하더라. 이에 예수께서 다시 속으로 비통히 여기시며 무덤에 가시니 무덤이 굴이라 돌로 막았거늘 예수께서 이르시되 돌을 옮겨 놓으라 하시니 그 죽은 자의 누이 마르다가 이르되 주여 죽은 지가 나흘이 되었으매 벌써 냄새가 나나이다. 예수께서 이르시되 내 말이 네가 믿으면 하나님의 영광을 보리라 하지 아니하였느냐 하시니 돌을 옮겨 놓으니 예수께서 눈을 들어 우러러 보시고 이르시되 아버지여 내 말을 들으신 것을 감사하나이다 항상 내 말을 들으시는 줄을 내가 알았나이다 그러나 이 말씀 하옵는 것은 둘러선 무리를 위함이니 곧 아버지께서 나를 보내신 것을 그들로 믿게 하려 함이니이다. 이 말씀을 하시고 큰 소리로 나사로야 나오라 부르시니 죽은 자가 수족을 베로 동인 채로 나오는데 그 얼굴은 수건에 싸였더라. 예수께서 이르시되 풀어 놓아 다니게 하라 하시니라."

예수님께서 죽은 지 나흘이나 지나 냄새가 나는 나사로의 무덤 앞에서 "나사로야 나오너라" 하셨을 때 죽은 나사로가 살아나서 무덤 밖으로 걸어 나오는 놀라운 일이 일어났습니다. 세상에 어떻게 이런 일이 일어날 수 있었을까요?

그것은 예수님이 하나님이셨기 때문에 가능했습니다. 37절에서 사람들이 "맹인의 눈을 뜨게 한 사람이 이 사람(나사로)은 죽지 않게 할 수 없었더냐"라는 말을 했는데, 예수님이 맹인의 눈을 뜨게 할 수 있었던 것도 예수님이 하나님이셨기 때문에 가능했습니다.

이날 마르다와 마리아 자매는 얼마나 기뻤겠습니까! 이것이 다 예수님을 친구로 둔 덕분입니다.

친구의 초대

이렇게 사랑 많고 능력 많은 예수님을 우리도 친구로 둘 수 있다면 얼마나 좋겠습니까! 그렇게만 할 수 있다면 그것처럼 복된 일이 없을 것입니다. 그런데 그렇게 할 수가 있습니다. 예수님은 지금도 살아계시고, 누구라도 원하기만 하면 기꺼이 친구가 되어주시는 분이기 때문입니다. 마태복음 11장 28절에서 예수님은 "수고하고 무거운 짐 진 자들아, 다 내게로 오라. 내가 너희를 쉬게 하리라"라는 말씀을 하셨습니다. 이 말씀은 예수님께서 사람들을 초대하시는 말씀입니다. 누구라도 이 초대에 응하면 예수님은 그의 친구가 되어주십니다.

예수님께서 말씀하신 '무거운 짐'은 죄의 짐을 말합니다. 이 세상에서 가장 무거운 짐이 죄의 짐입니다. 죄의 짐 때문에 사람들에게 고통이 있고, 아픔이 있고, 슬픔이 있고, 죽음이 있는 것입니다. 로마서 5장 12절은 이렇게 말씀합니다.

"그러므로 한 사람으로 말미암아 죄가 세상에 들어오고 죄로 말미암아 사망이 들어왔나니 이와 같이 모든 사람이 죄를 지었으므로 사망이 모든 사람에게 이르렀느니라."

사람이 죽는 것은 죄 때문입니다. 죄 때문에 사람은 고통당할 수밖에 없고 죽을 수밖에 없습니다. 그런데 예수님께서 죄의 짐을 진 사람들을 향해 "수고하고 무거운 짐 진 자들아, 다 내게로 오라"고 하십니다. 오면 죄 짐을 내려주고 쉬게 해 주겠다고 말씀하십니다.

그러므로 사람은 예수님의 이 초대에 응해야 죄 문제를 해결할 수 있고 죄 짐을 내려놓을 수 있습니다. 선행을 많이 한다고 죄 문제가 해결되는 것이 아닙니다. 고행을 한다고 해서 해결되는 것도 아닙니다. 사람이 죄 문제를 해결할 수 있는 유일한 방법은 예수님께 나오는 것입니다. 예수님께 나오면 예수님께서 그의 모든 죄 짐을 대신 져주십니다.

어떻게 그런 일이 가능할까요?

예수님께서 우리의 죄 짐을 대신 져주시려고 십자가에 달려 돌아가셨기 때문입니다. 베드로전서 2장 24a절은 이렇게 말씀합니다.

"친히 나무에 달려 그 몸으로 우리 죄를 담당하셨으니 이는 우리로 죄에 대하여 죽고 의에 대하여 살게 하려 하심이라."

예수님은 우리의 죄를 담당하시기 위해 십자가에 달려 돌아가신 것입니다. 이사야 53장 5-6절은 또 이렇게 말합니다.

"그가 찔림은 우리의 허물 때문이요 그가 상함은 우리의 죄악 때문이라. 그가 징계를 받으므로 우리는 평화를 누리고 그가 채찍에 맞으므로 우리는 나음을 받았도다. 우리는 다 양 같아서 그릇 행하여 각기 제 길로 갔거늘 여호와께서는 우리 모두의 죄악을 그에게 담당시키셨도다."

그렇습니다. 예수님은 하나님으로서 죄가 없는 분이셨지만 우리의 죄를 대신 담당하시기 위해 십자가에 달려 돌아가셨습니다. 그러므로 누구라도 예수님께 나오기만 하면 죄 짐을 내려놓을 수 있고, 예수님께서 주시는 참된 쉼을 누릴 수 있습니다.

본문에서 예수님은 이런 말씀도 하셨습니다.

"나는 부활이요 생명이니 나를 믿는 자는 죽어도 살겠고"(25절).

이런 말씀을 하실 수 있었던 것도 예수님이 하나님이시요, 우리의 모든 죄를 십자가 위에서 해결해 주신 분이기 때문입니다.

이 세상에서 가장 행복한 사람이 누구인줄 아십니까?

죄 문제가 해결된 사람입니다. 예수님을 친구로 삼고 예수님 안에서 부활의 소망과 천국의 소망을 가지고 살아가는 사람입니다.

그런 복을 우리에게 주시기 위해 예수님은 이 땅에 오셨고 십자가에 달려 돌아가셨습니다. 요한복음 15장 13절에서 예수님은 "사람이 친구를 위하여 자기 목숨을 버리면 이보다 더 큰 사랑이 없다"고 했는데 예수님은 그 말씀을 친히 실천하셨습니다.

당신을 대신해서 죽은 사람이 있습니까?

진짜로 죽을 만큼 당신을 사랑한 사람이 있습니까?

아마 없을 것입니다. 그런데 예수님은 저와 당신을 위해 그렇게 하셨습니다. 저와 당신을 위해 십자가에 달려 돌아가셨습니다. 이것이 제가 예수님을 믿는 이유이고, 당신이 예수님을 믿어야 하는 이유입니다.

부활의 소망, 천국의 소망

예수님은 저와 당신의 죄 짐을 맡아주셨고, 부활과 천국의 소망을 주시기 위해 다시 살아나셨습니다. 로마서 4장 25절이 그 말씀을 하고 있습니다.

"예수는 우리가 범죄한 것 때문에 내줌이 되고 또한 우리를 의롭다 하시기 위하여 살아나셨느니라."

그렇습니다. 예수님은 죽음으로 모든 것이 끝난 분이 아닙니다. 죽은 지 3일 만에 다시 살아나셨습니다.

예수님의 부활이 믿어지지 않는다면 예수님의 제자들을 한 번 생각해 보기 바랍니다. 예수님의 제자들은 예수님의 부활의 복음을 전하다가 순교했습니다. 오늘날 어떤 사람들은 예수님의 이름을 팔아서 자기 배를 채우는 종교사기꾼 노릇도 하지만 예수님의 제자들은 한 평생 고생만 하다가 순교했습니다. 그렇게 할 수 있었던 이유가 무엇인줄 아십니까? 부활하신 예수님을 그들이 만났기 때문입니다. 박해자 사울이 예수님을 믿고 복음 전도자로 거듭난 것도 부활하신 예수님을 그가 만났기 때문입니다. 예수님의 제자들과 박해자 사울이 한 평생 고난당하며 복음을 전하다가 순교한 것은 예수님의 부활 아니면 달리 설명할 길이 없습니다.

부활하신 예수님을 아직 믿지 않고 계시다면 이제부터라도 믿으시기 바랍니다. 예수님을 당신의 주님으로 믿고 받아들이면 예수님은 당신의 친구가 되어줄 것입니다. 당신에게도 부활의 소망과 천국의 소망을 주실 것입니다.

예수님을 친구로 삼고 살아가면 얼마나 좋은지 모릅니다. 어렵고 힘든 일이 있으면 예수님께서 위로해 주시고 도와주십니다. 죽는 순간에도 함께해 주십니다. 죽음 이후에도 영원토록 함께해 주십니다. 세상의 친구는 아무리 좋은 친구라도 그렇게 해줄 수 없습니다. 사랑하는 남편이나 아내도 그렇게 할 수 없고, 사랑하는 자식도 그렇게 해줄 수가 없습니다. 그들이 우리를 사랑하지 않아서가 아니라 인간으로서의 한계가 있기 때문입니다. 그러나 예수님은 그렇지 않습니다. 예수님은 언제나 우리와 함께해 주실 수 있는 능력이 있으십니다. 죽음의 자리뿐 아니라 죽고 난 뒤에도 그렇게 해주실 수 있는 능력이 있으십니다.

저는 개인적으로 죽을 때에 암송하면서 죽고 싶은 시가 있습니다. 바로 시편 23편입니다.

"여호와(하나님)는 나의 목자시니 내게 부족함이 없으리로다.

그가 나를 푸른 풀밭에 누이시며 쉴 만한 물 가로 인도하시는도다.

내 영혼을 소생시키시고 자기 이름을 위하여 의의 길로 인도하시는도다.

내가 사망의 음침한 골짜기로 다닐지라도 해를 두려워하지 않을 것은 주께서 나와 함께 하심이라. 주의 지팡이와 막대기가 나를 안위하시나이다.

주께서 내 원수의 목전에서 내게 상을 차려 주시고 기름을 내 머리에 부으셨으니 내 잔이 넘치나이다.

내 평생에 선하심과 인자하심이 반드시 나를 따르리니 내가 여호와의 집에 영원히 살리로다."

아멘! 정말 멋진 시 아닙니까? 특별히 4절과 6절이 좋습니다.

"내가 사망의 음침한 골짜기로 다닐지라도 해를 두려워하지 않을 것은 주께서 나와 함께 하심이라. 주의 지팡이와 막대기가 나를 안위하시나이다."

"내 평생에 선하심과 인자하심이 반드시 나를 따르리니 내가 여호와의 집에 영원히 살리로다."

예수님을 생각하고 영원한 천국이 있는 것을 생각하면 저는 죽음이 두렵지 않습니다. 예수님이 나의 주님이시고, 예수님께서 죽음의 순간에도, 그 이후에도 나와 함께해 주실 것을 알기 때문입니다.

최고의 친구 예수 그리스도

조셉 스크라이븐(Joseph Scriven)이라는 사람이 있었습니다. 아일랜드 사람인데 이 사람은 결혼하기 전 날 사랑하는 약혼녀를 잃는 불운을 경험하게 됩니다. 약혼녀가 수영을 하다가 그만 물에 빠져 죽은 것입니다. 생의 의욕을 잃어버린 그는 슬픔을 잊기 위해 캐나다로 건너가 가난한 사람들, 어려운 사람들, 불쌍한 사람들을 위해서 살게 됩니다. 평생을 독신으로 살던 그에게 어느 날 고향에 계신 어머니가 중병에 걸렸다는 소식이 들려옵니다. 어머니와 자신을 위로하기 위해 그는 다음과 같은 시를 썼습니다.

죄 짐 맡은 우리 구주 어찌 좋은 친군지
걱정 근심 무거운 짐 우리 주께 맡기세
주께 고함 없는 고로 복을 받지 못하네
사람들이 어찌하여 아뢸 줄을 모를까

시험 걱정 모든 괴롬 없는 사람 누군가
부질없이 낙심 말고 기도드려 고하세
이런 진실하신 친구 찾아볼 수 있을까
우리 약함 아시오니 어찌 아니 아뢸까

근심 걱정 무거운 짐 아니진 자 누군가
피난처는 우리 예수 주께 기도드리세
세상 친구 멸시하고 너를 조롱하여도
예수 품에 안기어서 참된 위로 받겠네

그렇습니다. 예수님 안에 참된 위로가 있습니다. 예수님 안에
참된 소망이 있고, 참된 행복이 있습니다.

아직 예수님을 믿지 않고 있다면 예수님을 믿고 예수님을 친
구로 두고 살아가시기 바랍니다. 예수님을 주님으로, 친구로 모
시고 살아가는 인생은 절대로 외롭지 않습니다. 죽음도 두렵지
않습니다. 예수님께서 함께해 주실 것이기 때문입니다.

예수님을 믿는 것은 어려운 일이 아닙니다. 예수님께서 당신을 위해 십자가 위에서 해놓으신 일을 받아들이기만 하면 됩니다. 예수님은 당신의 죄 값을 대신 지불하기 위해 십자가에 달려 돌아가셨습니다. 그리고 3일 만에 다시 살아나셨습니다. 예수님을 당신의 주님으로, 친구로 모셔 들이기 원하면 지금 이렇게 기도하십시오.

"하나님, 저는 죄인입니다. 지금까지 저는 하나님을 떠나 살았습니다. 하나님을 부인하며 살았습니다. 예수님께서 저를 위해 돌아가신 것도 몰랐고, 다시 살아나신 것도 믿지 않았습니다. 이제 예수님을 저의 주님으로 모셔 들입니다. 저를 용서해 주시고, 저를 하나님의 자녀로 받아주십시오. 저의 삶을 주님께 의탁합니다. 예수님의 이름으로 기도드립니다. 아멘!"

이 기도를 진심으로 하셨다면 당신은 하나님의 자녀가 되었습니다. 예수님이 당신의 구주가 되셨고, 당신의 친구가 되셨습니다. 당신의 믿음을 보시고 하나님께서 당신을 구원해 주셨습니다. 이제부터 성경적인 교회를 찾아 당신의 교회로 정하시고 믿음 생활을 하시기 바랍니다.

하나님께서 당신의 영혼을 지켜주시고, 인도해 주시기를 기도드립니다.

강 효 민 목사

미국 바이올라대학교의 탈봇신학대학원에서 공부하였으며(목회학 석사 · 박사), 현재 중곡동에 있는 새삶침례교회(www.newlifebc.or.kr) 담임목사로 섬기고 있다. 저서로는 「말하지 아니할 수 없습니다」(전도 칼럼집) · 「복음의 능력」(로마서 강해설교) · 「요한계시록이 보인다」(요한계시록 강해설교) · 「성령이 임하시면」(사도행전 강해설교) 등이 있다.

친 구

지 은 이 | 강 효 민
펴 낸 날 | 2015년 4월 25일
펴 낸 곳 | 새삶전도협회
　　　　　 서울시 광진구 능동로 314
　　　　　 (02) 458-0691

출판등록 | 제25100-2007-26호
ISBN 978-89-6961-010-2

친구

사람에게 좋은 친구가 있다는 것은
정말 큰 복이 아닐 수 없습니다.
좋은 친구가 있으면 어렵고 힘들 때
곁에서 힘이 되어 줍니다.
기쁘고 즐거울 때는
함께 기뻐하고 즐거워해줌으로
기쁨을 더 크게 해줍니다.
친구는 온 세상이 떠나가도
찾아와 주는 이입니다.
문제는 그런 친구를 만나기가
쉽지 않다는 것입니다.
그래서 저는 정말 좋은 친구 한 분을
당신에게 소개해 드리기 원합니다.

값 1,000원

9 788969 610102

03230

ISBN 978-89-6961-010-2